HEC LEEMANS

F.C. DE KAMPIOENEN

DE GROENE ZWAAN

Met medewerking van
TOM BOUDEN

Standaard Uitgeverij

Voor meer info:
www.standaarduitgeverij.be
info@standaarduitgeverij.be

D/2005/0034/88
ISBN 978 90 02 21748 7

Je vindt alles over
F.C. De Kampioenen, Bakelandt,
Nino en Hec Leemans
op de website:
www.zitacomics.com

Later...

VRIENDEN! Om de 500ste match van Xavier feestelijk te vieren, inviteer ik jullie dit weekend in Brugge!

Ik heb tickets voor de internationale wedstrijd tussen Club Brugge en de Glasgow Rangers.

Wow!

Leve de voorzitter! Tournée générale! Mijn glas is leeg!

HOLA! Wacht eens even! Dat feestje gaat niet door! Wat moeten de vrouwen dan het hele weekend doen?

Als ik niet mee mag, blijft Xavier ook thuis!

Maar Xavier is ons feestvarken!

Rustig, dames! Boma zal maar weer eens zijn groot hart tonen. Ik zorg voor een hotel. Iedereen gaat mee!

JOEPIE! WIJ GAAN WINKELEN IN BRUGGE!

Een weekendje Brugge! Dat vind ik nu eens een goed idee!

Ah!? Madame Vertongen!

Ik heb deze dame een lift gegeven tot aan het café.

MOEDER!

Moeder! Wat doe jij hier?

Ik kom je dit brengen.

En... wat is dit?!

De urne met de stoffelijke resten van je tante Agatha...

... Mijn zus die twee maanden geleden gestorven is! Ik kan haar niet meer uitstaan!

Maar moeder! Ze is dood!

Zet die urne maar bij jou thuis op de schouw.

Mijn vader heeft de begrafenis geregeld. Ze had haar urne al maanden op voorhand gekocht.

Agatha heeft altijd een hekel aan mij gehad. En zelfs na haar dood slaagt ze erin om mij te jennen.

Ze heeft me niets van waarde nagelaten, behalve haar huis dan. Een krot in de buurt van Brugge!

Ah! Daar gaan wij dit weekend heen!

Ze heeft al haar geld op- gemaakt, zodat er niets zou overblijven. En zelfs haar juwelen zijn verdwenen!

Ik heb het hele huis door- zocht! Geen spoor van haar kostbare juwelen! Die heks! Ze gunt mij niets!

Ik zoek een opkoper voor de inboedel van het huis, zodat ik het kan verkopen.

Aha!

5

Wat hoor ik? Heeft u een inboedel te koop? Dan bent u bij mij aan het goede adres, mevrouw. Costermans is de naam.

Jij komt als geroepen, Fernand! Je kunt mijn moeder verlossen van de rommel van tante Agatha.

Oei! Is het rommel?

Dan is het helaas niet veel waard. Ik geef er 250... euh... 200 euro voor.

Mij goed. Als je alles maar snel weghaalt.

Ik ga er onmiddellijk heen! Vertongen kan mij een handje helpen.

Ik? O! Tof!

Je begrijpt toch dat ik je niet gratis kan laten meerijden, hè Vertongen?

?

6

Stel dat je met een taxi naar Brugge zou gaan, dan had je dat zeker 200 euro gekost. Ik vraag er slechts 150!

O! Ik win erop! Maar ik heb niet zoveel op zak...

Dat geeft niet. Omdat je me helpt, mag je later betalen. Ah! Hier is het! Begonialaan 32.

Laten we de buit even inspecteren, Vertongen.

Oho! Een Louis-dingessalon! Begin dat maar alvast in te laden...

Ik krijg er minstens 3000 euro voor!

7

Ik ga intussen... euh... door met mijn inspectietocht!

... Op zoek naar de juwelen van tante Agatha, waar ik oma Boma over hoorde vertellen.

Stel dat ze niet goed gezocht heeft en die dingen hier nog ergens rondslingeren...

... dan zijn ze van MIJ! Want IK heb de inboedel gekocht!

Stik! Die lade zit geklemd!

GNNNNN!

8

GNN!

TONK!

Oei, oei! Fernand?!

Fernand! Wat is er gebeurd? Wat een rommel!

O! Een juwelenkistje!

9

De juwelen!! Geef die hier! Ze zijn van mij!

Dat kan toch niet, Fernand? Hoe komen jouw juwelen in het huis van tante Agatha terecht?

Kieken!

O! Ik snap het al! Dit zijn de juwelen waar oma Boma naar zocht! Zal die blij zijn!

Geef hier!

HET KISTJE IS LEEG! ER ZIT NIETS IN!

Alleen maar een papiertje!

Wat een vreemd bericht. Dit is oma Boma zeker niet opgevallen.

Of ze kreeg die lade niet open!

In Brugge bewaart de GROENE ZWAAN mijn schat voor eeuwig. Maar wie de Zwaan vindt, erft mijn juwelen.

Agatha

10

Goh! Een raadsel! Ik ben dol op raadseltjes!

De juwelen van tante Agatha zijn nog niet verloren!

Ja, maar... Vertongen... Wat betekent dit briefje?

Dat weet ik niet precies. Maar ik ga volgend weekend in Brugge op zoek naar DE GROENE ZWAAN!

Enkele uren later...

De juwelen zijn technisch gezien eigenlijk van mij, hè? Ik heb de inboedel gekocht!

Maar Fernand! Ik heb het al drie keer uitgelegd!

BROCANTIEK FERNAND

tel + fax 162 122

11

De juwelen zijn van wie ze vindt! Zo staat het op het papiertje. En als ik ze vind, geef ik ze aan oma Boma!

GRRR!

In het weekend...

Gaat die snotneus ook mee?

Hela! Je praat over mijn zoon, hè! Markske heeft hem meegevraagd.

PERSONEELSTRANSP...

BOM...

WORST...

We gaan op zoek naar de juwelen, Billie! Maar we zeggen niets aan de anderen voordat we ze gevonden hebben!

Cool!

Je was toch niet van plan om zonder mij te vertrekken, mijn zoon? Wat moet ik het hele weekend in jouw grote villa doen?

Moeder!

12

Typisch iets voor jou om je arme moedertje alleen achter te laten. Aan boord! We vertrekken!

Anderhalf uur files later...

BRUGGE! EINDELIJK!

Het Venetië van het Noorden!

Zeggen ze!

Leuk, hè meisjes? Zo samen op stap?!

Ik wil meteen de winkels bezoeken!

Kijk uit voor die groep Japanners, Pol!

13

Oef! Daar zijn ze! Ik was ze bijna kwijt in het verkeer...

Ik mag Vertongen geen minuut uit het oog verliezen...

Ah! Ze stoppen bij dat hotel.

In dit doodlopende steegje kan ik mijn auto kwijt. Hier hindert hij niemand...

14

Handig vermomd als toerist herkennen ze me in geen duizend jaar!

En als Markske de juwelen gevonden heeft, pak ik ze af! Ze zijn van mij!

De eigenaar van het hotel ken ik van de Pussycat. Ik heb korting gekregen...

Jawel, meneer Boma. Uw kamers zijn gereed. Neem de trap links. De lift is stuk.

RECEPTIE

Kijk! Ik wed dat dat fans zijn van de Schotse Glasgow Rangers!

15

Wat een binken, die Schotten! Zou het waar zijn dat ze geen slip dragen onder hun rok?

Bieke!

Neem daar eens een voorbeeld aan! Dat zijn nog eens stoere mannen!

RECEPTIE

Pff! Club gaat toch winnen van de Glasgow Rangers!

What did he say?

He said Club will beat the Rangers...

HEY! LISTEN, LAD!! ARE YOU TRYING TO INSULT US?! NOBODY CAN BEAT THE RANGERS!

Euh... Ja maar...

HEY, GUYS! WHO'S GONNA WIN THE GAME?

BAR

THE RANGERS! YEAH!

16

HOP!

POL!?

PTOÏNG!

WAAAAAAH!

Billie! Doe iets! Hij is door het raam gewipt!

Te laat!

Of misschien nog net niet!

19

Goed vasthouden, Pol! We komen je halen! Zoek een touw, Billie!

EEK! EEN GLUURDER!

?!

ZEG! VIESPEUK! VERDWIJN!

NEEJE! NIET DOEN! HET IS POL!

WAF!

Die Schotten zijn al flink boven hun theewater. Laat ik maar naar buiten sluipen voordat ze me nog een rondje laten betalen...

RECEPTIE

20

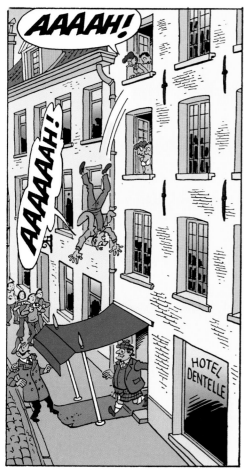

Pff! Pff! Pff! Pff! Pff! Pff! Pff!
Pff! Pff! Pff! Pff!

POL!

4

Heb je niets gebroken? Heb je nergens pijn?
Niets ontwricht? Zeg toch iets!

Pff! Pff! Pff! Pff! Pff! Pff!
Pff! Pff! Pff! Pff!

Wat zie jij er bleek uit,
kerel! Je zou eens wat
meer beweging moeten
nemen!

Wij zijn klaar voor een bezoek
aan Brugge! Ik heb een gids
met de mooiste plekjes erin!

Heb je nog genoeg adem
om mee te gaan, Pol?

Pff! Pff! Pff!
Pff! Pff!

Die viespeuk van jou zou ook
ALLES doen om eens een
halfnaakte vrouw te zien, hè?

?!?!

Pff!
Pff!

23

Gaat het een beetje, poor chap?

We nemen je mee naar de
kroeg. Je kunt wel een borrel
gebruiken!

Let's go! Er zijn beslist heel leuke kroegen
in deze stad!

Ja, maar...
Ik moet...

Tuttut! Niet
tegenstribbelen!

Het is overigens jouw beurt om
een rondje te geven!

Slik!

En...

We moeten die kant uit!

Als we doorheen
die troep
Japanners
raken!

24

O! MAURICE! Jij hier? Wat een verrassing!

Mijn gedacht!

In mijn vrije tijd ben ik gids voor de bond van gepensioneerden!

Wat zegt hij?

Wablief?

Het was niet verstandig om zo dicht bij die zwaan te komen, meneer Boma.

Ik beslis zelf wel wanneer ik verstandig wil zijn!

Ik zeg altijd...

Je zegt altijd iets anders. Hoe kan je dan altijd zeggen wat je zegt?

Euh... Misschien weet Maurice als gids wel iets over de groene zwaan, Mark!

Zeg! Waarom doen jullie zo geheimzinnig?

29

O! Nu weet ik weer wat ik wou zeggen! Wisten jullie dat volgens de legende Maximiliaan van Oostenrijk de Bruggelingen opgedragen heeft om voor eeuwig en altijd goed voor de zwanen te zorgen?

Wat zegt hij?

Wablief?

Maurice weet toch ook ALLES, hè?

De zwanen van Brugge krijgen sindsdien een prinselijke behandeling. Ze zijn het symbool van de stad. Ik weet er alles over!

En zijn zwanen steeds wit van kleur, Maurice?

Euh... hoezo?

Ik heb wel eens gehoord dat er in Brugge een groene zwaan zou zijn...

Een... een groene zwaan?

... Dat zegt me niets! Oei! Ik dacht echt dat ik alles wist over deze stad! Oei! Oei, oei, oei, oei, oei, oei!

Oei, oei, oei, oei, oei!

Zeg! We zijn hier niet om naar het geleuter van Maurice te luisteren! Laten we de 500ste match van Xavier vieren met een kroegentocht!

Joepie! De voorzitter betaalt!

Niks voor ons, hè meisjes? WIJ GAAN WINKELEN!

30

Tot vanavond!

Ze letten niet op ons, Markske! Dit is het moment om de plaat te poetsen!

Oei, oei, oei, oei!

Kom! Op zoek naar de GROENE ZWAAN!

Misschien kan die agent ons meer vertellen!

Een groene zwaan? In Brugge? Ik zie geregeld roze olifanten als ik een avondje ben gaan stappen, maar van een groene zwaan heb ik nog nooit gehoord!

Een groene zwaan! Oei, oei, oei, oei, oei!

Wat zegt hij?

Wablief?

31

De agent kon ons ook niet helpen! Niemand in Brugge lijkt te weten waar de groene zwaan is.

Misschien is de groene zwaan een standbeeld? Of een schilderij in een museum? Of een bekend café?

De musea! Daar zeg je zoal wat! Als we daar ons licht eens gingen opsteken?

Brugge is maar een zakdoek groot. We lopen alle musea af...

Kijk eens, Billie! Een stripwinkel!

Daar hebben we nu geen tijd voor, Mark.

O! IK HEB DE GROENE ZWAAN GEVONDEN!

32

 DAAR! DE GROENE ZWAAN is het nieuwste stripalbum van SNUL EN SNOL!

 We zijn op het goede spoor!

Maar...

 Of dit stripalbum iets met Brugge te maken heeft? Ik geloof het niet. Het gaat gewoon over een groene zwaan! Strips, hoe verzinnen ze het toch, hè?

 Maar we verkopen, naast strips, ook talrijke gidsen over Brugge. Misschien vinden jullie daarin wel iets over een groene zwaan.

 Kom gerust nog eens terug, hè!

Ik geloof dat we ons hebben laten inpakken, Mark.

33

 In deze gidsen wordt met geen woord gerept over een groene zwaan!

 We kunnen die troep net zo goed in de papiermand kiepen! Weggegooid geld!

 Kom, Mark. We gaan naar de musea...

 Gaan we nog ergens heen, meneer Maurice?

Ik wil naar huis!

Gerda moet pipi doen!

Ik heb mijn luier be- vuild!

Wat zegt hij?

Wablief?

Een groene zwaan? In Brugge? Oei, oei, oei, oei, oei!

34

Zoek in deze stad maar eens een goed café! Restaurants en tearooms bij de vleet! Maar ze zitten vol met Japanners!

Kom, we gaan naar het centrum.

Oei! Ik dacht dat het hierlangs was...

Euh...

Ik geloof dat we opnieuw verdwaald zijn...

Ik heb dorst.

TITANIC

35

Als je 't mij vraagt, zijn we hier al drie keer gepasseerd.

Wat een doolhof! Ik had mijn gps moeten meebrengen...

We zouden de weg kunnen vragen...

Aan wie? Je ontmoet hier nooit iemand die van Brugge zelf is!

Ik voel mijn benen niet meer! Ze hadden mij nog wel wijsgemaakt dat Brugge maar een zakdoek groot is.

Dat is dan wel een heel grote zakdoek!

Ah! Daar! Dat ziet er een leuk café uit!

36

Dat lijkt me best gezellig! Vooruit!

DE GROENE ZWAAN

Oei! Die Schotten uit het hotel zijn er ook!

Ze hebben ons niet gezien. Laten we maar in een rustig hoekje gaan zitten.

Hey?! Waar ga je heen? Het is jouw beurt om een rondje te betalen!

Ik moet DRINGEND naar het toilet!

Wegwezen! Als de Kampioenen mij herkennen, is alles om zeep!

TOILET

37

Ik zou gezworen hebben dat een van de Schotten sprekend op Fernand lijkt, voorzitter!

Je ziet spoken, copain!

We hebben dorst, voorzitter! TOURNÉE GÉNÉRALE!

Ja, maar...

TOURNÉE GÉNÉRALE!

TING TING

Meneer geeft een rondje!

Ah! Iemand geeft een rondje! Dat is sympathiek!

Ja, maar...

Toch niet voor het hele café, Xavier?!

Ik ga even naar het toilet!

TOILET

38

Laten we onze aankopen naar het hotel brengen en daarna een boottochtje maken op de reien...

Dat is een leuk idee!

Hopelijk amuseren de mannen zich ook een beetje!

PIOE PIOE PIOE

PIOE PIOE PIOE PIOE PIOE...

VOORUIT, STELLETJE HOOLIGANS! Een nachtje in de doos zal jullie goeddoen!

Maar... We gaan vanavond naar de match kijken!

DE GROENE ZWAAN

43

PIOE PIOE PIOE PIOE...

O, kijk! De politie is moeten uitrukken...

Het schijnt dat er een rel is geweest met enkele hooligans in DE GROENE ZWAAN...

PIOE PIOE...

De groene zwaan?!?

Een café... hier om de hoek.

DE GROENE ZWAAN is de naam van een kroeg! Dat we daar niet eerder opgekomen zijn!

Euh... Meneer Maurice? Moeten we de wandeling niet voortzetten?

... De groene zwaan... In Brugge?!??!

44

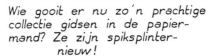

Hallo? Wie? Maurice? Nee, die is hier niet, meneer.

O! Het is Maurice zelf? Wat? O! O! Oei! O!

Wat? Wat?

Maurice zegt dat we onmiddellijk naar het GROENINGE MUSEUM moeten komen! Hij heeft DE GROENE ZWAAN gevonden!

Laten we hopen dat het dit keer de goeie is!

Hier is het!

Ik zeg altijd: Wie zoekt, die vindt!

47

Maurice!

Ik heb ze gevonden! DE GROENE ZWAAN!

Waar?

Hier! In dit boek!

Een of andere gek had deze prachtige gids in de papiermand gegooid... Maar, kijk eens naar deze foto!

Een foto van een waterpomp met een zwaan?!

Het is een zwart-wit-foto. Je kunt niet zien of ze groen is.

Dat is ze zeker! Het beeld is in brons gegoten en dat kleurt groen na verloop van tijd!

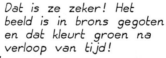

De groene zwaan staat hier! Vlak bij het museum!

48

Markske en Billie! Met Maurice!

KIJK! DIT IS ZE!

?!?!

Goed, maar... Ik snap niet waar tante Agatha haar juwelen verborgen kan hebben...

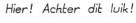

Met een beetje geluk leiden ze mij recht naar de juwelen van tante Agathe...

Hier! Achter dit luik!

Hoe krijgen we dat open?

49

Geen probleem! Ik los het op met mijn Zwitsers zakmes!

Zo!

O! EEN KISTJE!

DE JUWELEN!

Geef maar hier! ZE ZIJN VAN MIJ!

?!!

Die Schot heeft de juwelen gejat!

Het was Fernand!

Erachteraan! VLUG!

50

HALT! HOUD DE DIEF!

Geef dat kistje terug!

NOOIT! Ik heb de inboedel eerlijk gekocht!

Laat los!

Ze zijn van oma Boma!

Laat zelf los!

Ze zijn van mij!

LAAT LOS!

OEPS!

51

DE JUWELEN! ZE ZULLEN IN HET WATER VERDWIJNEN!

Dat is jullie schuld!

52

GRRR! Typisch iets voor mijn zus! Ze heeft me nooit iets gegund!

HIER! Jij wou zo graag dat kistje hebben! ALSJEBLIEF!

Man, man, man!

's Avonds...

Wat een fiasco, onze zoektocht naar de groene zwaan!

Waar blijven Pol, Xavier en Boma? De match kan elk ogenblik beginnen.

Die zitten natuurlijk nog in de kroeg!

De match kan elk ogenblik beginnen op tv...

Alstublieft, meneer de agent! Laat ons meekijken! PLEASE!!

55

Het is jullie schuld dat we de match missen!

ONZE schuld?! Jullie zijn begonnen!

Ah!

STUPID BELGIANS!

Au!

Het is weer hommeles in de cel!

Pff! Laat ze het maar uitvechten! WIJ gaan naar de wedstrijd kijken.

Basile, deze mensen zijn verdwaald in Brugge. Ze zeggen dat hun gids hen in de steek heeft gelaten.

Wat zegt hij?

Wablief?

Tss! In wat voor een wereld leven wij!?

56

Twee dagen later...

Ah! Heb je eindelijk je auto terug, Fernand?

MAN, MAN, MAN! Tweehonderd euro sleepkosten en een boete van jewelste! Miserie, miserie!

Bandieten zijn het daar in Brugge! Ik zet er nooit geen voet meer!

Maar je hebt er nu een pak vrienden bij in Schotland, hè?

Man, man, man!

Oma Boma was er het hart van in. Ze is voor een paar dagen bij haar zoon ingetrokken.

We zien onze voorzitter niet meer sinds zijn moeder bij hem logeert!

En nu is er niemand om rondjes te geven!

57

Tegen de avond...

We gaan monopoly spelen. Maar ze wint altijd!

Ah! Markske! Billie! Bedankt dat jullie mijn moeder gezelschap willen houden, jongens!

Ik ben al twee dagen niet meer in de Pussycat geweest, copain! Ik hou het niet langer uit!

Wat zegt hij?

Euh... Dat hij dringend naar zijn zakelijke afspraak moet, oma.

Jammer dat we de juwelen niet gevonden hebben, hè?

Zie haar daar staan!

Ik heb het gevoel dat ze mij van over het graf uitlacht!

58

59

EINDE

60

Druk: Corelio PRINTING